Gisela Walter (Hrsg.)

Die schönsten Kinderlieder

Gisela Walter (Hrsg.)

Die schönsten Kinderlieder

Mit Bildern von
Marlis Scharff-Kniemeyer

Ravensburger Buchverlag

Inhalt

Es tanzt ein Bi-Ba-Butzemann
Lieder zum Tanzen und Springen,
zum Hüpfen und Lustigsein

Drei Chinesen mit dem Kontrabass
Lieder zum Spielen, Theatermachen
und von fleißigen Handwerkern

Onkel Jörg hat einen Bauernhof
Lieder von großen und kleinen Tieren

So geht es im Schnützelputz-Häusel
Lieder über Geschichten,
alte Märchen und lustige Rätsel

Das Wandern ist des Müllers Lust
Lieder vom Reisen und Wandern,
von Seefahrten und Abenteuern

Ich bin das ganze Jahr vergnügt
Lieder von Sommer und Winter,
von Ostern und Weihnachten
und vom Geburtstagfeiern

Der Mond ist aufgegangen
Lieder vom Nachhausegehen,
von Mond und Sternen
und von der guten Nacht

Es tanzt ein Bi-Ba-Butzemann

Lieder zum Tanzen und Springen,
zum Hüpfen und Lustigsein

Jetzt wolln wir hoppsassassa

Text und Melodie: Volkslied

1. Jetzt wolln wir, jetzt wolln wir, hoppsassassa,
lustig sein, fröhlich sein, tralalala.

2. Erst dreht sich 's Weibchen, dann dreht sich der Mann,
sie fassen sich zärtlich und tanzen zusamm'.

Machet auf das Tor!

Text und Melodie: Volkslied

1. Machet auf das Tor! Es kommt ein goldner Wagen.

2. Wer sitzt darin? Ein Mann mit goldnen Haaren.

3. Was will er denn? Er will die Tochter haben.

4. Was bringt er denn? Er bringt viel schöne Gaben.

Ringel, Ringel, Reihe

Text: aus „Des Knaben Wunderhorn“ (1806)
Melodie: Volkslied aus Thüringen

Ringel, Ringel, Reihe,
sind der Kinder dreie,
sitzen unterm Holderbusch,
schreien alle: Husch, husch, husch!

Liebe Schwester, tanz mit mir!

Text und Melodie: aus Thüringen (ca. 1800)

1. Liebe Schwester, tanz mit mir!
   Beide Hände reich ich dir.
   Einmal hin, einmal her,
   rundherum, das ist nicht schwer.

2. Ei, das hast du gut gemacht,
   ei, das hätt ich nicht gedacht:
   Einmal hin, einmal her,
   rundherum, das ist nicht schwer.

3. Noch einmal das schöne Spiel,
   weil es mir so gut gefiel:
   Einmal hin, einmal her,
   rundherum, das ist nicht schwer.

Wir schließen das Tor

Text und Melodie: Volkslied

Von der Fidula-CD 4414 „Kindertänze“

Wir schließen das Tor, wir öffnen das Tor,
die Lisa, die Lisa, die stellt sich jetzt vor.
Heißa durch die lange Reihe, alle andern müssen stehn,
heißa durch die lange Reihe, nun auf Wiedersehn.

Ich bin ein kleiner Tanzbär

Text und Melodie: Volkslied

Ich bin ein kleiner Tanzbär
und komme aus dem Wald.
Ich such mir eine Freundin
und finde sie ja bald.
Ei, wir tanzen ja so fein
von einem auf das andre Bein.

Ich bin ein kleines Eselchen

Text und Melodie: Volkslied

Ich bin ein kleines Eselchen
und wandre durch die Welt;
ich wackle mit dem Hinterteil,
so wie es mir gefällt.
Ia, ia, ia, ia, ia!

Es tanzt ein Bi-Ba-Butzemann

Text: aus „Des Knaben Wunderhorn“ (1806)
Melodie: Volkslied aus Thüringen

1. Es tanzt ein Bi-Ba-Butzemann
   in unserm Haus herum, widibum.
   Er rüttelt sich, er schüttelt sich,
   er wirft sein Säcklein hinter sich.
   Es tanzt ein Bi-Ba-Butzemann
   in unserm Haus herum.

2. Es tanzt ein Bi-Ba-Butzemann
   in unserm Haus herum, widibum.
   Er springt und wirbelt durch das Haus
   und lacht dabei die Kinder aus.
   Es tanzt ein Bi-Ba-Butzemann
   in unserm Haus herum.

3. Es tanzt ein Bi-Ba-Butzemann
   in unserm Haus herum, widibum.
   Bald ist er hier, bald ist er dort,
   und plötzlich ist er wieder fort.
   Es tanzt ein Bi-Ba-Butzemann
   in unserm Haus herum.

Jetzt steigt Hampelmann

Text und Melodie: Volkslied aus Holstein

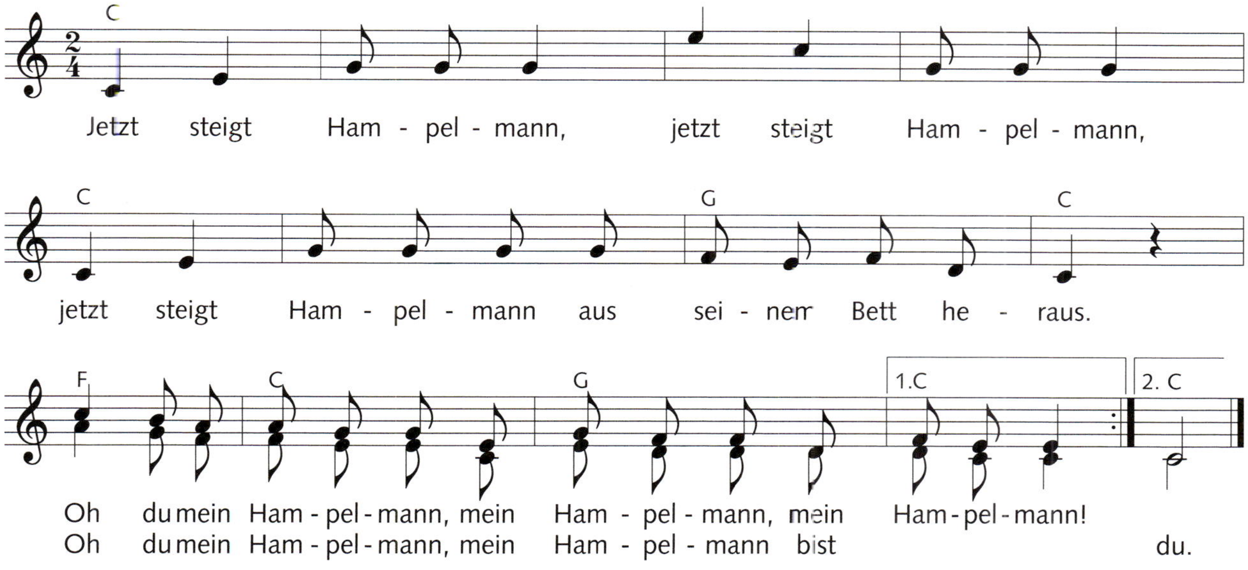

1. Jetzt steigt Hampelmann, jetzt steigt Hampelmann,
   jetzt steigt Hampelmann aus seinem Bett heraus.
   Oh du mein Hampelmann, mein Hampelmann, mein Hampelmann!
   Oh du mein Hampelmann, mein Hampelmann bist du.

2. Jetzt zieht Hampelmann, jetzt zieht Hampelmann,
   jetzt zieht Hampelmann sich seine Strümpfe an.

3. Jetzt zieht Hampelmann, jetzt zieht Hampelmann,
   jetzt zieht Hampelmann sich seine Hose an.

4. Jetzt zieht Hampelmann, jetzt zieht Hampelmann,
   jetzt zieht Hampelmann sich seine Jacke an.

5. Jetzt setzt Hampelmann, jetzt setzt Hampelmann,
   jetzt setzt Hampelmann sich seine Kappe auf.

6. Jetzt geht Hampelmann, jetzt geht Hampelmann,
   jetzt geht Hampelmann mit seiner Frau spaziern.

7. Jetzt tanzt Hampelmann, jetzt tanzt Hampelmann
   jetzt tanzt Hampelmann mit seiner lieben Frau.

Kommt ein lustiger Springer

Text und Melodie: Volkslied aus Schlesien

Muss wandern, muss wandern
von einem Ort zum andern.
Kommt ein lustiger Springer herein,
schüttelt mit dem Kopf,
rüttelt mit dem Rock,
stampft mit dem Fuß.
Kommt, wir wollen tanzen gehn, tanzen gehn,
die andern müssen stille stehn.

Heißa, Kathreinerle

Text und Melodie: Volkslied aus dem Elsass

1. Heißa, Kathreinerle, schnür dir die Schuh,
   schürz dir dein Röckele, gönn dir kein Ruh!
   Didel, dudel, dadel, schrumm, schrumm, schrumm,
   geht schon der Hopser rum.
   Heißa, Kathreinerle, frisch immerzu!

2. Dreh wie ein Rädele flink dich im Tanz!
   Fliegen die Zöpfele, wirbelt der Kranz.
   Didel, dudel, dadel, schrumm, schrumm, schrumm,
   lustig im Kreis herum.
   Dreh dich, mein Mädel, im festlichen Glanz!

3. Heute heißt's lustig sein, morgen ist's aus!
   Sinket der Lichter Schein, gehn wir nach Haus.
   Didel, dudel, dadel, schrumm, schrumm, schrumm.
   Morgen mit viel Gebrumm
   fegt die Frau Wirtin den Tanzboden aus.

Trat ich heute vor die Türe

Text: Christel Süßmann
Melodie: Heinz Lemmermann

Refrain:
Trat ich heute vor die Türe, sapperlot, was sah ich da?
Tanzte da die Gans Agathe mit dem Truthahn Cha-Cha-Cha.

1. Und die Hühner und die Tauben machten Meck und schrien Muh
   und das Pferd mit seinen Hufen klapperte den Takt dazu.

   Refrain: Trat ich heute vor die Türe …

2. Max, der Esel, und die Schweine tanzten sehr vergnügt zu dritt.
   Selbst die dicke Kuh Babette wiegte sich im Walzerschritt.

   Refrain: Trat ich heute vor die Türe …

3. Mieze bellte, Karo schnurrte und die Ziege auf dem Mist
   krähte sich die Kehle heiser, weil doch heute Fastnacht ist.

   Refrain: Trat ich heute vor die Türe …

Watscheltanz

Text: Klaus W. Hoffmann
Melodie: Volkslied

1. Auf geht's, ruft die Gans, Polonäse macht Spaß!
   Na klar, sagt die Ente, und sie watscheln durchs Gras.

   Refrain
   Eins, zwei, drei, eins, zwei, drei, Watscheltanzschritt.
   Siehst du sie kommen, dann tanz einfach mit!

2. Der Hahn fragt die Henne: Wie wär's mit uns zwei'n?
   Die Henne sagt: Ja. Und sie reihen sich ein.

   Refrain Eins, zwei, drei …

3. Der Schwan kommt an Land nur mit Müh von der Stell.
   Er ruft: Freunde wartet, ich kann nicht so schnell.

   Refrain Eins, zwei, drei …

4. Der Hund mit den Plattfüßen hebt seinen Bauch.
   Er denkt sich: So watscheln wie die kann ich auch.

   Refrain Eins, zwei, drei …

5. Die Spatzen, sie kommen von überall her.
   Die Watschelpolonäse gefällt ihnen sehr.

   Refrain Eins, zwei, drei …

6. Ja, alles was tanzen kann, kommt nun heran
   und schließt sich dem lustigen Watscheltanz an.

Drei Chinesen mit dem Kontrabass

Lieder zum Spielen,
Theatermachen und von
fleißigen Handwerkern

Auf der Mauer, auf der Lauer

Text und Melodie: Volkslied

1. Auf der Mauer, auf der Lauer
   sitzt 'ne kleine Wanze.
   Seht euch nur die Wanze an,
   wie die Wanze tanzen kann!
   Auf der Mauer, auf der Lauer
   sitzt 'ne kleine Wanze.

2. Auf der Mauer, auf der Lauer
   sitzt 'ne kleine Wanz.
   Seht euch nur die Wanz an,
   wie die Wanz tanz kann!

3. Auf der Mauer, auf der Lauer
   sitzt 'ne kleine Wan.
   Seht euch nur die Wan an,
   wie die Wan tan kann!

4. Auf der Mauer, auf der Lauer
   sitzt 'ne kleine Wa.
   Seht euch nur die Wa an,
   wie die Wa ta kann!

5. Auf der Mauer, auf der Lauer
   sitzt 'ne kleine W.
   Seht euch nur die W an,
   wie die W t kann!

6. Auf der Mauer, auf der Lauer
   Sitzt 'ne kleine –.
   Seht euch nur die – an,
   wie die – – kann!

Drei Chinesen mit dem Kontrabass

Text und Melodie: Volkslied

1. Drei Chinesen mit dem Kontrabass
saßen auf der Straße und erzählten sich was.
Da kam die Polizei: Ja, was ist denn das?
Drei Chinesen mit dem Kontrabass.

(Alle Vokale werden durch a, e, i, o, u ersetzt)

2. Dra Chanasan mat dam Kantrabass …

3. Dre Chenesen met dem Kentrebess …

4. Dri Chinisin mit dim Kintribiss …

5. Dro Chonoson mot dom Kontroboss …

6. Dru Chunusun mut dum Kuntrubuss …

Bruder Jakob

Kanon zu 4 Stimmen

Text und Melodie: Volkslied aus Frankreich (1870)

Bruder Jakob, Bruder Jakob,
schläfst du noch, schläfst du noch?
Hörst du nicht die Glocken, hörst du nicht die Glocken?
Ding, dong, ding, ding, dong, ding!

Ich fahr mit der Schneckenpost

Kanon zu 4 Stimmen

Text und Melodie: Volkslied aus Österreich

Ich fahr, ich fahr, ich fahr auf der Post!
Fahr auf der Schneckenpost,
die mich kein Kreuzer kost',
ich fahr, ich fahr, ich fahr auf der Post!

Froh zu sein bedarf es wenig

Kanon zu 4 Stimmen

Text und Melodie: August Mühling (1786 – 1847)

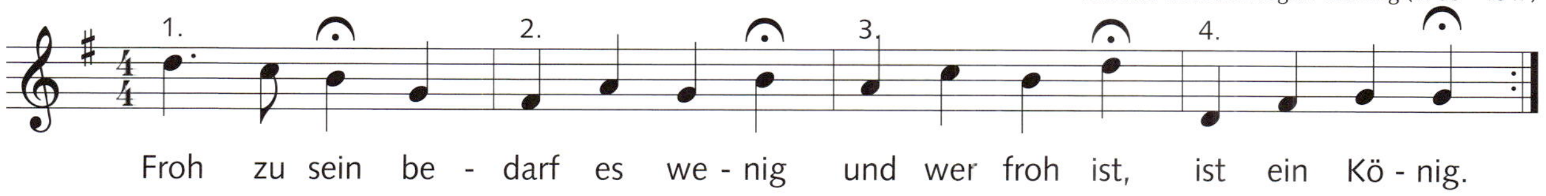

Froh zu sein bedarf es wenig
und wer froh ist, ist ein König.

Heut kommt der Hans zu mir

Kanon zu 2 Stimmen

Text und Melodie: Volkslied

Heut kommt der Hans zu mir, freut sich die Lies.
Ob er aber über Oberammergau
oder aber über Unterammergau
oder aber überhaupt nicht kommt, das ist nicht g'wiss.

Spaßlied:
Hans isst den Schweizerkäs ohne Gebiss.
Ob er aber mit dem Oberkiefer kaut
oder aber mit dem Unterkiefer kaut
oder aber überhaupt nicht kaut, das ist nicht g'wiss.

Grün sind alle meine Kleider

Text und Melodie: Volkslied aus Pommern (17. Jahrh.)

1. Grün, grün, grün sind alle meine Kleider,
   grün, grün, grün ist alles, was ich hab.
   Darum lieb ich alles, was grün ist,
   weil mein Schatz ein Jäger ist.

2. Rot, rot, rot sind alle meine Kleider,
   rot, rot, rot ist alles, was ich hab.
   Darum lieb ich alles, was rot ist,
   weil mein Schatz ein Reiter ist.

3. Blau, blau, blau sind alle meine Kleider,
   blau, blau, blau ist alles, was ich hab.
   Darum lieb ich alles, was blau ist,
   weil mein Schatz ein Matrose ist.

4. Schwarz, schwarz, schwarz sind alle meine Kleider,
   schwarz, schwarz, schwarz ist alles, was ich hab.
   Darum lieb ich alles, was schwarz ist,
   weil mein Schatz ein Schornsteinfeger ist.

5. Weiß, weiß, weiß sind alle meine Kleider,
   weiß, weiß, weiß ist alles, was ich hab.
   Darum lieb ich alles, was weiß ist,
   weil mein Schatz ein Bäcker ist.

6. Bunt, bunt, bunt sind alle meine Kleider,
   bunt, bunt, bunt ist alles, was ich hab.
   Darum lieb ich alles, was bunt ist,
   weil mein Schatz ein Maler ist.

Wir wolln einmal spazieren gehn

Text und Melodie: Volkslied aus dem Rheinland

1 Wir wolln einmal spazieren gehn
in einem schönen Garten.
Wenn nur das böse Tier nicht wär,
wir wolln nicht lange warten.
Um eins kommt's nicht,
um zwei kommt's nicht,
um drei kommt's nicht,
um vier kommt's nicht,
um fünf kommt's nicht,
um sechs kommt's nicht,
um sieben kommt's nicht,
um acht kommt's nicht,
um neun kommt's nicht,
um zehn kommt's nicht,
um elf, da klopft's, um zwölf, da kommt's!

Guten Morgen, Margareth

Text und Melodie: Volkslied

Refrain:
Helfen wir der Greth,
sehen, wie das geht,
wenn der Abend kommt heran,
ist die Arbeit getan.

2. Guten Morgen, Margareth,
was tust du in deinem Garten?
Ich harke, wie ihr seht,
da kann man nicht länger warten.

Refrain: Helfen wir …

3. Guten Morgen, Margareth,
was tust du in deinem Garten?
Ich säe, wie ihr seht,
da kann man nicht länger warten.

Refrain: Helfen wir …

4. Guten Morgen, Margareth,
was tust du in deinem Garten?
Ich gieße, wie ihr seht,
da kann man nicht länger warten.

Refrain: Helfen wir …

5. Guten Morgen, Margareth,
was tust du in deinem Garten?
Ich jäte, wie ihr seht,
da kann man nicht länger warten.

Refrain: Helfen wir …

6. Guten Morgen, Margareth,
was tust du in deinem Garten?
Ich ernte, wie ihr seht,
da kann man nicht länger warten.

Refrain: Helfen wir …

Meine Blümchen haben Durst

Text: Georg Christian Dieffenbach
Melodie: Karl August Kern

1. Meine Blümchen haben Durst,
   hab's gar wohl gesehen.
   Hurtig, hurtig will ich drum
   hin zum Brunnen gehen.

2. Frisches Wasser hol ich euch,
   wartet nur ein Weilchen,
   wartet nur, ihr Röslein rot
   und ihr blauen Veilchen!

3. Seht, hier habt ihr Wasser schon,
   trinkt nur mit Behagen!
   Blüht und duftet nur recht lang,
   wollt ihr Dank mir sagen.

Wollt ihr wissen

Text und Melodie: Volkslied

1. Wollt ihr wissen, wollt ihr wissen, was die kleinen Buben machen?
   Trommel schlagen, Trommel schlagen. Seht, das machen sie!

2. Wollt ihr wissen, wollt ihr wissen, was die kleinen Mädchen machen?
   Püppchen wiegen, Püppchen wiegen. Seht, das machen sie!

3. Wollt ihr wissen, wollt ihr wissen, was die großen Jungen machen?
   Stiegen steigen, Stiegen steigen. Seht, das machen sie!

4. Wollt ihr wissen, wollt ihr wissen, was die großen Mädchen machen?
   Blumen sticken, Blumen sticken. Seht, das machen sie!

5. Wollt ihr wissen, wollt ihr wissen, was die jungen Herren machen?
   Hut abnehmen, Hut abnehmen. Seht, das machen sie!

6. Wollt ihr wissen, wollt ihr wissen, was die jungen Damen machen?
   Knickse machen, Knickse machen. Seht, das machen sie!

7. Wollt ihr wissen, wollt ihr wissen, was die alten Herren machen?
   Pfeifchen rauchen, Pfeifchen rauchen. Seht, das machen sie!

8. Wollt ihr wissen, wollt ihr wissen, was die alten Damen machen?
   Kaffe trinken, Kaffe trinken. Seht, das machen sie!

Zeigt her eure Füße

Text und Melodie: Volkslied

Refrain:
Zeigt her eure Füße, zeigt her eure Schuh
und sehet den fleißigen Waschfrauen zu!

1. Sie waschen, sie waschen,
sie waschen den ganzen Tag.

Refrain: Zeigt her ...

2. Sie winden, sie winden,
sie winden den ganzen Tag.

Refrain: Zeigt her ...

3. Sie hängen, sie hängen,
sie hängen den ganzen Tag.

Refrain: Zeigt her ...

4. Sie legen, sie legen,
sie legen den ganzen Tag.

Refrain: Zeigt her ...

5. Sie rollen, sie rollen,
sie rollen den ganzen Tag.

Refrain: Zeigt her ...

6. Sie bügeln, sie bügeln,
sie bügeln den ganzen Tag.

Refrain: Zeigt her ...

7. Sie klatschen, sie klatschen,
sie klatschen den ganzen Tag.

Refrain: Zeigt her ...

8. Sie ruhen, sie ruhen,
sie ruhen den ganzen Tag.

Refrain: Zeigt her ...

9. Sie tanzen, sie tanzen,
sie tanzen den ganzen Tag.

Refrain: Zeigt her ...

Wer will fleißige Handwerker sehn

Text und Melodie: Volkslied

Refrain:
Wer will fleißige Handwerker sehn,
der muss zu uns Kindern gehn.

1. Stein auf Stein, Stein auf Stein,
   das Häuschen wird bald fertig sein.

   Refrain: Wer will …

2. Oh wie fein, oh wie fein,
   der Glaser setzt die Scheiben ein.

   Refrain: Wer will …

3. Tauchet ein, tauchet ein,
   der Maler streicht die Wände fein.

   Refrain: Wer will …

4. Zisch, zisch, zisch, zisch, zisch, zisch,
   der Schreiner hobelt glatt den Tisch.

   Refrain: Wer will …

5. Poch, poch, poch, poch, poch, poch,
   der Schuster schustert zu das Loch.

   Refrain: Wer will …

6. Stich, stich, stich, stich, stich, stich,
   der Schneider näht ein Kleid für mich.

   Refrain: Wer will …

7. Tripp, trapp, drein, tripp, trapp, drein,
   jetzt gehn wir von der Arbeit heim.

   Refrain: Wer will …

8. Hopp, hopp, hopp, hopp, hopp, hopp,
   jetzt tanzen alle im Galopp.

Wir sind zwei Musikanten

1. Wir sind zwei Musikanten und komm'n aus Schwabenland.
   Ihr seid zwei Musikanten und kommt aus Schwabenland.
   Wir können spielen auf der Violin.
   Ihr könnt spielen auf der Violin.
   Und wir können tanzen hopsasa, hopsasa, hopsasa,
   und wir können tanzen hopsasa, hopsasa.

2. Wir können spielen auf der Flöte.

3. Wir können spielen auf der Klarinett.

4. Wir können spielen auf der Trompete.

5. Wir können spielen auf der Trommel.

6. Wir können spielen auf der Pauke.

Backe, backe Kuchen

Text und Melodie: Volkslied

Backe, backe Kuchen,
der Bäcker hat gerufen!
Wer will guten Kuchen backen,
der muss haben sieben Sachen:
Eier und Schmalz,
Butter und Salz,
Milch und Mehl,
Safran macht den Kuchen gehl:
Schieb, schieb in' Ofen 'nein.

Meine Mu, meine Mu, meine Mutter

Text: Kindervers aus dem Rheinland
Melodie: Christian Lahnsen

Kanon zu 4 Stimmen

Meine Mu, meine Mu, meine Mutter schickt mich her,
ob der Ku, ob der Ku, ob der Kuchen fertig wär?
Wenn er no, wenn er no, wenn er noch nicht fertig wär,
käm ich mo, käm ich mo, käm ich morgen wieder her.

Onkel Jörg hat einen Bauernhof

Lieder von großen und kleinen Tieren

An meiner Ziege hab ich Freude

Text und Melodie: Volkslied aus Nordböhmen

1. An meiner Ziege hab ich Freude,
   ist ein wunderschönes Tier,
   Haare hat sie wie aus Seide,
   Hörner hat sie wie ein Stier.
   Meck, meck, meck, meck.

2. Sie hat ein ausgestopftes Ranzel
   wie ein alter Dudelsack,
   und ganz hinten hat's ein Schwanzel
   wie ein Stängel Rauchtabak.
   Meck, meck, meck, meck.

Widewidewenne

Text und Melodie: Volkslied aus Holstein

1. Widewidewenne heißt meine Puthenne.
   Kann-nicht-ruhn heißt mein Huhn,
   Wackelschwanz heißt meine Gans,
   Widewidewenne heißt meine Puthenne.

2. Widewidewenne heißt meine Puthenne.
   Schwarz-und-Weiß heißt meine Geiß,
   Treibe-ein heißt mein Schwein.
   Widewidewenne heißt meine Puthenne.

3. Widewidewenne heißt meine Puthenne.
   Ehrenwert heißt mein Pferd,
   Gute-Muh heißt meine Kuh.
   Widewidewenne heißt meine Puthenne.

4. Widewidewenne heißt meine Puthenne.
   Wettermann heißt mein Hahn,
   Kunterbunt heißt mein Hund.
   Widewidewenne heißt meine Puthenne.

5. Widewidewenne heißt meine Puthenne.
   Guck-heraus heißt mein Haus,
   Schlupf-hinaus heißt meine Maus.
   Widewidewenne heißt meine Puthenne.

6. Widewidewenne heißt mein Puthenne.
   Wohl-getan heißt mein Mann,
   Sausewind heißt mein Kind.
   Widewidewenne heißt meine Puthenne.

7. Widewidewenne heißt meine Puthenne.
   Lebe-recht heißt mein Knecht,
   Spät-betagt heißt meine Magd.
   Widewidewenne heißt meine Puthenne.

Gesprochen:
Nun kennt ihr mich mit Mann und Kind
und meinem ganzen Hofgesind.

Alle unsre Tauben

Text: Gustav Falke
Melodie: M. Georg Winter (1869–1922)

1. Alle unsre Tauben sind schon lange wach,
   sitzen auf den Lauben, sitzen auf dem Dach,
   sitzen auf dem Regenfass:
   Wer gibt denn uns Tauben was,
   wer gibt denn uns Tauben was?

   Refrain:
   Tauben, Hühner, kleine Kind'
   jeden Morgen hungrig sind.

2. Alle unsre Hennen sind schon aus dem Stall,
   gackeln schon und rennen, scharren überall.
   Und der Hahn kräht: Futter her!
   Immer mehr, nur immer mehr,
   immer mehr, nur immer mehr!

   Refrain: Tauben …

3. Alle unsre Kleinen machen ein Geschrei,
   strampeln mit den Beinen, wollen ihren Brei.
   Lirum, larum, Löffelstiel,
   wer krakeelt, der kriegt nicht viel,
   wer krakeelt, der kriegt nicht viel!

   Refrain: Tauben …

Onkel Jörg hat einen Bauernhof

Text und Melodie: Volkslied aus England

1. Onkel Jörg hat einen Bauernhof, heia, heia, ho.
Und da laufen viele Hühner rum, heia, heia, ho.
Es macht tuk-tuk hier, es macht tuk-tuk da,
tuk-tuk hier, tuk-tuk da, tuk-tuk überall.

2. Onkel Jörg hat einen Bauernhof, heia, heia, ho.
Und da laufen viele Gänse rum, heia, heia, ho.
Es macht gack-gack hier, es macht gack-gack da,
gack-gack hier, gack-gack da, gack-gack überall.

3. Onkel Jörg hat einen Bauernhof, heia, heia, ho.
Und da laufen viele Schweine rum, heia, heia, ho.
Es macht oink-oink hier, es macht oink-oink da,
oink-oink hier, oink-oink da, oink-oink überall.

4. Onkel Jörg hat einen Bauernhof, heia, heia, ho.
Und da laufen viele Ziegen rum, heia, heia, ho.
Es macht meck-meck hier, es macht meck-meck da,
meck-meck hier, meck-meck da, meck-meck überall.

5. Onkel Jörg hat einen Bauernhof, heia, heia, ho.
Und da laufen viele Kühe rum, heia, heia, ho.
Es macht muh-muh hier, es macht muh-muh da,
muh-muh hier, muh-muh da, muh-muh überall.

6. Onkel Jörg hat einen Bauernhof, heia, heia, ho.
Und da laufen viele Katzen rum, heia, heia, ho.
Es macht miau-miau hier, es macht miau-miau da,
miau-miau hier, miau-miau da, miau-miau überall.

7. Onkel Jörg hat einen Bauernhof, heia, heia, ho.
Und da laufen viele Schafe rum, heia, heia, ho.
Es macht mäh-mäh hier, es macht mäh-mäh da,
mäh-mäh hier, mäh-mäh da, mäh-mäh überall.

8. Onkel Jörg hat einen Bauernhof, heia, heia, ho.
Und da laufen viele Hunde rum, heia, heia, ho.
Es macht wau-wau hier, es macht wau-wau da,
wau-wau hier, wau-wau da, wau-wau überall.

Hopp, hopp, hopp

Text: Carl Hahn
Melodie: Carl Gottlieb Hering (1766–1853)

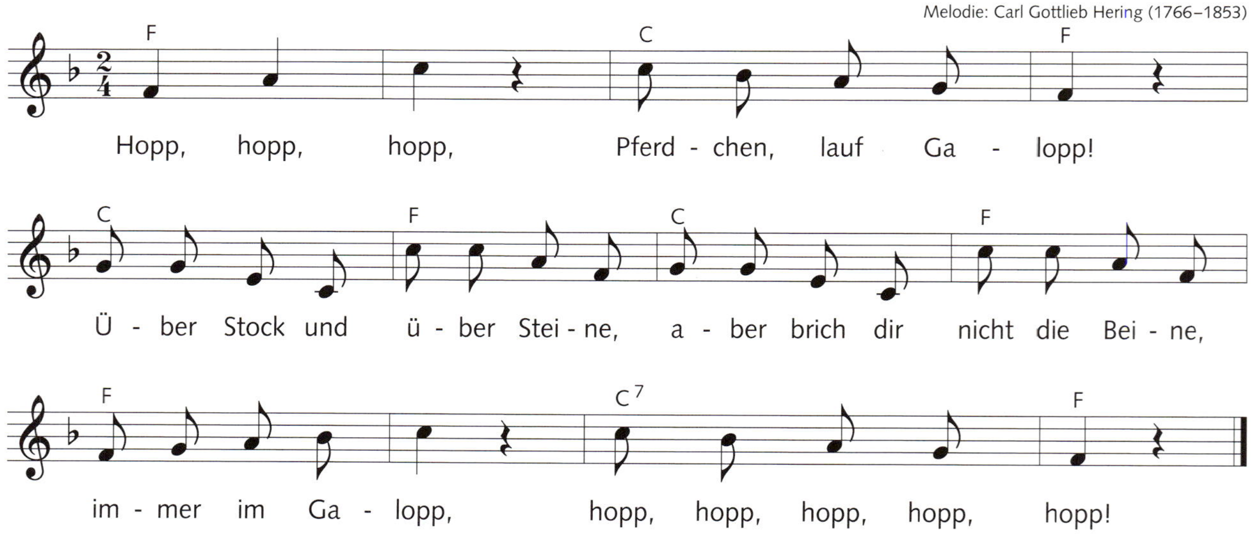

1. Hopp, hopp, hopp,
   Pferdchen lauf Galopp!
   Über Stock und über Steine,
   aber brich dir nicht die Beine,
   immer im Galopp,
   hopp, hopp, hopp, hopp, hopp!

2. Tipp, tipp, tapp,
   wirf mich ja nicht ab!
   Zähme deine wilden Triebe,
   Pferdchen, tu es mir zuliebe,
   wirf mich ja nicht ab!
   Tipp, tipp, tipp, tipp, tapp!

3. Brr, brr, he,
   steh doch, Pferdchen, steh!
   Sollst noch heute weiterspringen,
   muss dir doch erst Futter bringen,
   steh doch, Pferdchen, steh,
   brr, brr, brr, brr, he!

4. Ja, ja, ja,
   wir sind wieder da!
   Schwester, Vater, liebe Mutter,
   findet auch mein Pferdchen Futter?
   Ja, ja, ja, ja, ja,
   wir sind wieder da!

Summ, summ, summm

Text: Heinrich Hoffmann v. Fallersleben (1798–1874)
Melodie: Volkslied aus Böhmen

1. Summ, summ, summ, Bienchen, summ herum!
Ei, wir tun dir nichts zu Leide,
flieg nur aus in Wald und Heide!
Summ, summ, summ, Bienchen, summ herum!

2. Summ, summ, summ, Bienchen, summ herum!
Such in Blumen, such in Blümchen,
dir ein Tröpfchen, dir ein Krümchen!
Summ, summ, summ, Bienchen, summ herum!

3. Summ, summ, summ, Bienchen, summ herum!
Kehre heim mit reicher Habe,
bau uns manche volle Wabe!
Summ, summ, summ, Bienchen, summ herum!

Alle meine Entchen

Text und Melodie: Volkslied

1. Alle meine Entchen schwimmen auf dem See,
   Köpfchen in das Wasser, Schwänzchen in die Höh.

2. Alle meine Tauben gurren auf dem Dach,
   fliegt eins in die Lüfte, fliegen alle nach.

3. Alle meine Hühner scharren in dem Stroh,
   finden sie ein Körnchen, sind sie alle froh.

4. Alle meine Gänschen watscheln durch den Grund,
   suchen in dem Tümpel, werden kugelrund.

Heut ist ein Fest bei den Fröschen am See

Text und Melodie: Volkslied

Kanon zu 3 Stimmen

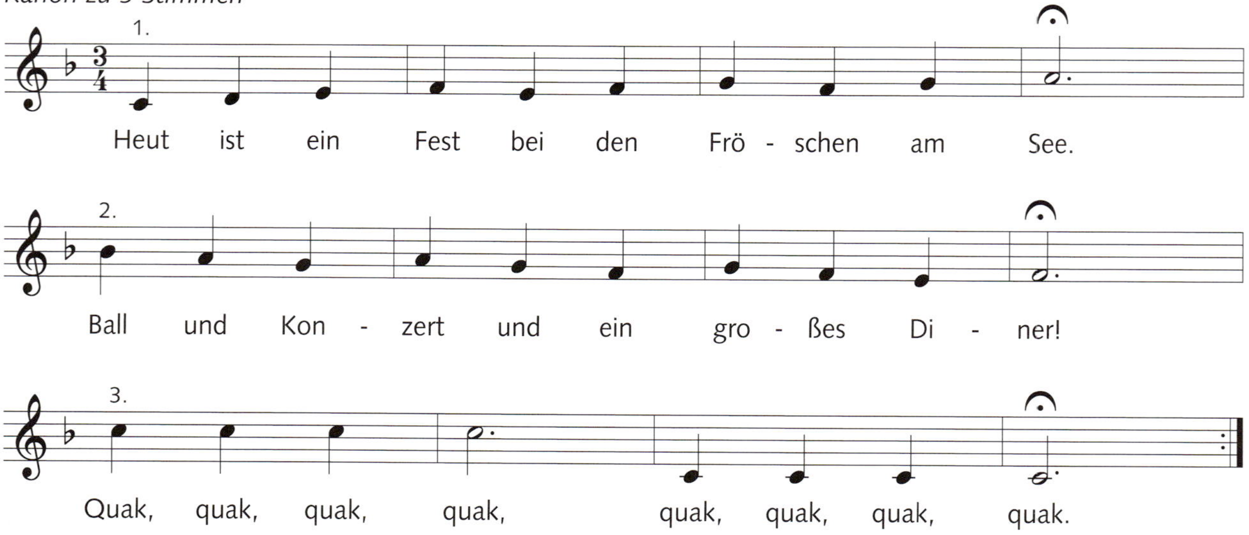

Heut ist ein Fest bei den Fröschen am See,
Ball und Konzert und ein großes Diner!
Quak, quak, quak, quak, quak, quak, quak, quak.

Alle Vögel sind schon da

Text: Heinrich Hoffmann v. Fallersleben (1798–1874)
Melodie: Volkslied aus Schlesien

1. Alle Vögel sind schon da, alle Vögel, alle!
   Welch ein Singen, Musiziern, Pfeifen, Zwitschern, Tiriliern!
   Frühling will nun einmarschiern, kommt mit Sang und Schalle.

2. Wie sie alle lustig sind, flink und froh sich regen!
   Amsel, Drossel, Fink und Star und die ganze Vogelschar
   wünschen dir ein frohes Jahr, lauter Heil und Segen.

3. Was sie uns verkünden nun, nehmen wir zu Herzen:
   Wir auch wollen lustig sein, lustig wie die Vögelein,
   hier und dort, feldaus, feldein, singen, springen, scherzen.

Frau Schwalbe ist 'ne Schwätzerin

Text: Georg Christian Dieffenbach
Melodie: Karl August Kern

1. Frau Schwalbe ist 'ne Schwätzerin,
   sie schwatzt den ganzen Tag,
   sie plaudert mit der Nachbarin,
   so viel sie plaudern mag.
   Das zwitschert, das zwatschert
   den lieben langen Tag.

2. Sie schwatzt von ihren Eiern viel,
   von ihren Kindern klein,
   und wenn sie niemand hören will,
   schwatzt sie für sich allein.
   Das zwitschert, das zwatschert
   und kann nicht stille sein.

3. Hat sie im Herbst Gesellschaft gar
   auf jenem Dache dort,
   so schwatzen die Frau Schwalben all
   erst recht in einem fort.
   Das zwitschert, das zwatschert
   und man versteht kein Wort.

Häschen in der Grube

Text und Melodie: Volkslied

1. Häschen in der Grube sitzt und schläft.
   Armes Häschen, bist du krank,
   dass du nicht mehr hüpfen kannst?
   Häschen, hüpf! Häschen, hüpf!
   Häschen, hüpf!

2. Häschen, vor dem Hunde hüte dich!
   Er hat einen scharfen Zahn,
   packt damit mein Häschen an.
   Häschen, lauf! Häschen, lauf!
   Häschen, lauf!

Klein Häschen wollt spazieren gehn

Text: Heinrich von Leipziger
Melodie: Asmus

1. Klein Häschen wollt spazieren gehn,
   spazieren ganz allein,
   da hat's das Bächlein nicht gesehn
   und plumps fiel es hinein.

2. Das Bächlein trieb's dem Tale zu,
   dort wo die Mühle steht
   und wo sich ohne Rast und Ruh
   das große Mühlrad dreht.

3. Ganz langsam drehte sich das Rad,
   fest hielt's der kleine Has'
   und als er endlich oben war,
   sprang er vergnügt ins Gras.

4. Dann läuft Klein Häschen schnell nach Haus,
   vorbei ist die Gefahr.
   Die Mutter schüttelt's Fell ihm aus,
   bis dass es trocken war.

Kuckuck, ruft's aus dem Wald

Text: Heinrich Hoffmann v. Fallersleben (1798–1874)
Melodie: Volkslied aus Österreich

1. Kuckuck, Kuckuck, ruft's aus dem Wald.
   Lasset uns singen, tanzen und springen!
   Frühling, Frühling wird es schon bald.

2. Kuckuck, Kuckuck, lässt nicht sein Schrein:
   „Komm in die Felder, Wiesen und Wälder!
   Frühling, Frühling, stelle dich ein!"

3. Kuckuck, Kuckuck, trefflicher Held!
   Was du gesungen, ist dir gelungen:
   Winter, Winter räumet das Feld!

Der Kuckuck und der Esel

Text: Heinrich Hoffmann v. Fallersleben (1798–1874)
Melodie: Carl Friedrich Zelter (1758–1832)

1. Der Kuckuck und der Esel,
die hatten einen Streit,
wer wohl am besten sänge,
wer wohl am besten sänge
zur schönen Maienzeit,
zur schönen Maienzeit.

2. Der Kuckuck sprach: Das kann ich!,
und fing gleich an zu schrein.
Ich aber kann es besser,
ich aber kann es besser!,
fiel gleich der Esel ein,
fiel gleich der Esel ein.

3. Das klang so schön und lieblich,
so schön von fern und nah.
Sie sangen alle beide,
sie sangen alle beide:
Kuckuck, kuckuck, iah!
Kuckuck, kuckuck, iah!

So geht es im Schnützelputz-Häusel

Lieder über Geschichten,
alte Märchen und lustige Rätsel

Ein Vogel wollte Hochzeit machen

Strophe

Text und Melodie: Volkslied aus Schlesien (16. Jahrh.)

Refrain

1. Ein Vogel wollte Hochzeit machen
in dem grünen Walde.

Refrain:
Fidirallala, fidirallala, fidirallalalala!

2. Die Drossel war der Bräutigam,
die Amsel war die Braute.

Refrain: Fidirallala …

3. Der Sperber, der Sperber,
das war der Brautwerber.

Refrain: Fidirallala …

4. Die Lerche, die Lerche,
die führt' die Braut zur Kerche.

Refrain: Fidirallala …

5. Der Auerhahn, der Auerhahn,
der war der Küster und Kaplan.

Refrain: Fidirallala …

6. Die Meise, die Meise.
die sang das Kyrieleise.

Refrain: Fidirallala …

7. Der Geier, der Geier,
der spielte auf der Leier.

Refrain: Fidirallala …

8. Der Sperling, der Sperling,
der gab der Braut den Fingerring.

Refrain: Fidirallala …

9. Frau Nachtigall, Frau Nachtigall,
die sang mit ihrem schönsten Schall.

Refrain: Fidirallala …

10. Der Stare, der Stare,
der flocht der Braut die Haare.

Refrain: Fidirallala …

11. Der Seidenschwanz, der Seidenschwanz,
der bracht' der Braut den Hochzeitskranz.

Refrain: Fidirallala …

12. Der Kuckuck kocht' das Hochzeitsmahl,
fraß selbst die besten Brocken all.

Refrain: Fidirallala …

13. Der schwarze Rab, das war der Koch,
das sah man an dem Kleide noch.

Refrain: Fidirallala …

14. Der Grünspecht, der Grünspecht,
das war des Küchenmeisters Knecht.

Refrain: Fidirallala …

15. Die Finken, die Finken,
die gaben der Braut zu trinken.

Refrain: Fidirallala …

16. Der Wiedehopf, der Wiedehopf,
der bracht' nach dem Mahl den Kaffeetopf.

Refrain: Fidirallala …

17. Die Elster, die ist schwarz und weiß,
die bracht' der Braut die Hochzeitsspeis.

Refrain: Fidirallala …

18. Der Storch mit seinem Schnabel,
der brachte Messer und Gabel.

Refrain: Fidirallala …

19. Das Rebhuhn, das Rebhuhn,
wollt' zu der Hochzeit gar nichts tun.

Refrain: Fidirallala …

20. Der Wendehals, der Wendehals,
den musst' man laden mehremals.

Refrain: Fidirallala …

21. Die Gänse und die Anten,
das waren die Musikanten.

Refrain: Fidirallala …

22. Der Pfau mit seinem bunten Schwanz
tat mit der Braut den ersten Tanz.

Refrain: Fidirallala …

23. Der Pinguin nicht spröde,
der hielt die Hochzeitsrede.

Refrain: Fidirallala …

24. Der Fasan, der Fasan,
der fing dann auch bald Händel an.

Refrain: Fidirallala …

25. Die Greife, die Greife,
die spielten auf der Pfeife.

Refrain: Fidirallala …

26. Frau Kratzefuß, Frau Kratzefuß,
gab allen einen Abschiedskuss.

Refrain: Fidirallala …

27. Die Puten, die Puten,
die machten breite Schnuten.

Refrain: Fidirallala …

28. Brautmutter war die Eule,
nahm Abschied mit Geheule.

Refrain: Fidirallala …

29. Die Taube, die Taube,
die bracht' der Braut die Haube.

Refrain: Fidirallala …

30. Die Fledermaus, die Fledermaus,
die zog der Braut die Strümpfe aus.

Refrain: Fidirallala …

31. Der Uhu, der Uhu,
der macht' die Fensterläden zu.

Refrain: Fidirallala …

32. Der Hahn, der krähte Gute Nacht,
jetzt wird die Kammer zugemacht.

Refrain: Fidirallala …

33. Nun ist die Vogelhochzeit aus,
und alle ziehn vergnügt nach Haus.

Refrain: Fidirallala …

So geht es im Schnützelputz-Häusel

Text: Volkslied (1776 gedruckt)
Melodie: vermutlich Johann Friedrich Reichardt

Refrain:
So geht es im Schnützelputz-Häusel,
da singen und tanzen die Mäusel,
da bellen die Schnecken im Häusel.

1. Im Schnützelputz-Häusel, da geht es sehr toll,
da saufen die Tische und Bänke sich voll,
Pantoffeln unter dem Bette.

Refrain: So geht es …

2. Der Tisch lag im Bette und stöhnte so lang,
da heulte der Sessel, da weinte die Bank,
ganz jämmerlich taten sie klagen.

Refrain: So geht es …

3. Da rannte der Kessel ins Hühnerhaus,
der Ofen, der lief zur Stube hinaus,
eine spanische Mücke zu fangen.

Refrain: So geht es …

4. Da saßen zwei Ochsen im Storchennest,
die hatten einander gar lieblich getröst'
und wollten die Eier ausbrüten.

Refrain: So geht es …

5. Es zogen zwei Störche wohl auf die Wacht,
die hatten ihre Sache gar wohl bedacht
mit ihren großmächtigen Spießen.

Refrain: So geht es …

6. Ich wüsste der Dinge noch mehr zu sagen,
die sich im Schnützelputz-Häusel zutragen,
gar lustig wohl über die Maßen.

Refrain: So geht es …

Ein Schneider fing 'ne Maus

Text und Melodie: Volkslied

1. Ein Schneider fing 'ne Maus.
   Ein Schneider fing 'ne Maus.
   Ein Schneider fing 'ne Mi-Ma-Maus,
   Mi-Ma-Mause-Maus.
   Ein Schneider fing 'ne Maus.

2. Was macht er mit der Maus?
   Was macht er mit der Maus?
   Was macht er mit der Mi-Ma-Maus,
   Mi-Ma-Mause-Maus?
   Was macht er mit der Maus?

3. Er zieht ihr ab das Fell.
   Er zieht ihr ab das Fell.
   Er zieht ihr ab das Mausefell,
   Mi-Ma-Mausefell.
   Er zieht ihr ab das Fell.

4. Was macht er mit dem Fell?
   Was macht er mit dem Fell?
   Was macht er mit dem Mausefell?
   Mi-Ma-Mausefell?
   Was macht er mit dem Fell?

5. Er näht sich einen Sack.
   Er näht sich einen Sack.
   Er näht sich einen Mausesack.
   Mi-Ma-Mausesack.
   Er näht sich einen Sack.

6. Was macht er mit dem Sack?
Was macht er mit dem Sack?
Was macht er mit dem Mausesack,
Mi-Ma-Mausesack?
Was macht er mit dem Sack?

7. Er tut hinein sein Geld.
Er tut hinein sein Geld.
Er tut hinein sein Mausegeld,
Mi-Ma-Mausegeld?
Er tut hinein sein Geld.

8. Was macht er mit dem Geld?
Was macht er mit dem Geld?
Was macht er mit dem Mausegeld,
Mi-Ma- Mausegeld?
Was macht er mit dem Geld?

9. Er kauft sich einen Bock.
Er kauft sich einen Bock.
Er kauft sich einen Mausebock,
Mi-Ma-Mausebock.
Er kauft sich einen Bock.

10. Was macht er mit dem Bock?
Was macht er mit dem Bock?
Was macht er mit dem Mausebock,
Mi-Ma-Mausebock?
Was macht er mit dem Bock?

11. Er reitet durch die Welt.
Er reitet durch die Welt.
Er reitet durch die Mausewelt,
Mi-Ma-Mausewelt.
Er reitet durch die Welt.

12. Was macht er in der Welt?
Was macht er in der Welt?
Was macht er in der Mausewelt,
Mi-Ma-Mausewelt?
Was macht er in der Welt?

13. Er wird ein großer Held.
Er wird ein großer Held.
Er wird ein großer Mauseheld,
Mi-Ma-Mauseheld.
Er wird ein großer Held.

Hänsel und Gretel

Text und Melodie: Volkslied

1. Hänsel und Gretel verirrten sich im Wald.
   Es war so finster und auch so bitterkalt.
   Sie kamen an ein Häuschen von Pfefferkuchen fein.
   Wer mag der Herr wohl von diesem Häuschen sein?

2. Hu, hu! Da schaut eine alte Hex heraus.
   Sie lockt die Kinder ins Pfefferkuchenhaus.
   Sie stellte sich gar freundlich: Oh Hänsel, welche Not!
   Sie will dich braten im Ofen braun wie Brot.

3. Doch als die Hexe zum Ofen schaut hinein,
   ward sie gestoßen von unserm Gretelein.
   Die Hexe musste braten, die Kinder gehn nach Haus.
   Nun ist das Märchen von Hans und Gretel aus.

Dornröschen

Text und Melodie: Volkslied aus Kassel

1. Dornröschen war ein schönes Kind,
   schönes Kind, schönes Kind.
   Dornröschen war ein schönes Kind,
   schönes Kind.

2. Dornröschen nimm dich ja in Acht,
   ja in Acht, ja in Acht …

3. Da kam die böse Fee herein,
   Fee herein, Fee herein …

4. Dornröschen schlafe hundert Jahr,
   hundert Jahr, hundert Jahr …

5. Da wuchs die Hecke riesengroß,
   riesengroß, riesengroß …

6. Da kam ein junger Königssohn,
   Königssohn, Königssohn …

7. Dornröschen, wache wieder auf,
   wieder auf, wieder auf …

8. Da feierten sie das Hochzeitsfest,
   Hochzeitsfest, Hochzeitsfest …

9. Da jubelte das ganze Volk,
   ganze Volk, ganze Volk …

Will ich in mein Gärtlein gehn

Text aus „Des Knaben Wunderhorn“ (1806)
Melodie: Volkslied aus Holstein

1. Will ich in mein Gärtlein gehn, will mein' Zwiebeln gießen,
   steht ein bucklig Männlein da, fängt gleich an zu niesen.

2. Will ich in mein Küchel gehn, will mein Süpplein kochen,
   steht ein bucklig Männlein da, hat mein Töpflein brochen.

3. Will ich in mein Stüblein gehn, will mein Müslein essen,
   steht ein bucklig Männlein da, hat's schon selber 'gessen.

4. Will ich auf den Boden gehn, will mein Hölzlein holen,
   steht ein bucklig Männlein da, hat's schon halb gestohlen.

5. Will ich in mein Keller gehn, will mein Weinlein zapfen,
   steht ein bucklig Männlein da, tut mir 'n Krug wegschnappen.

6. Setz ich mich ans Rädlein hin, will mein Fädel drehen,
   steht ein bucklig Männlein da, lässt das Rad nicht gehen.

7. Geh ich in mein Kämmerlein, will mein Bettlein machen,
   steht ein bucklig Männlein da, fängt gleich an zu lachen.

8. Wenn ich an mein Bänklein knie, will ein bisschen beten,
   steht das bucklig Männlein da, fängt gleich an zu reden:
   Liebes Kindlein, ach, ich bitt: Bet fürs bucklig Männlein mit!

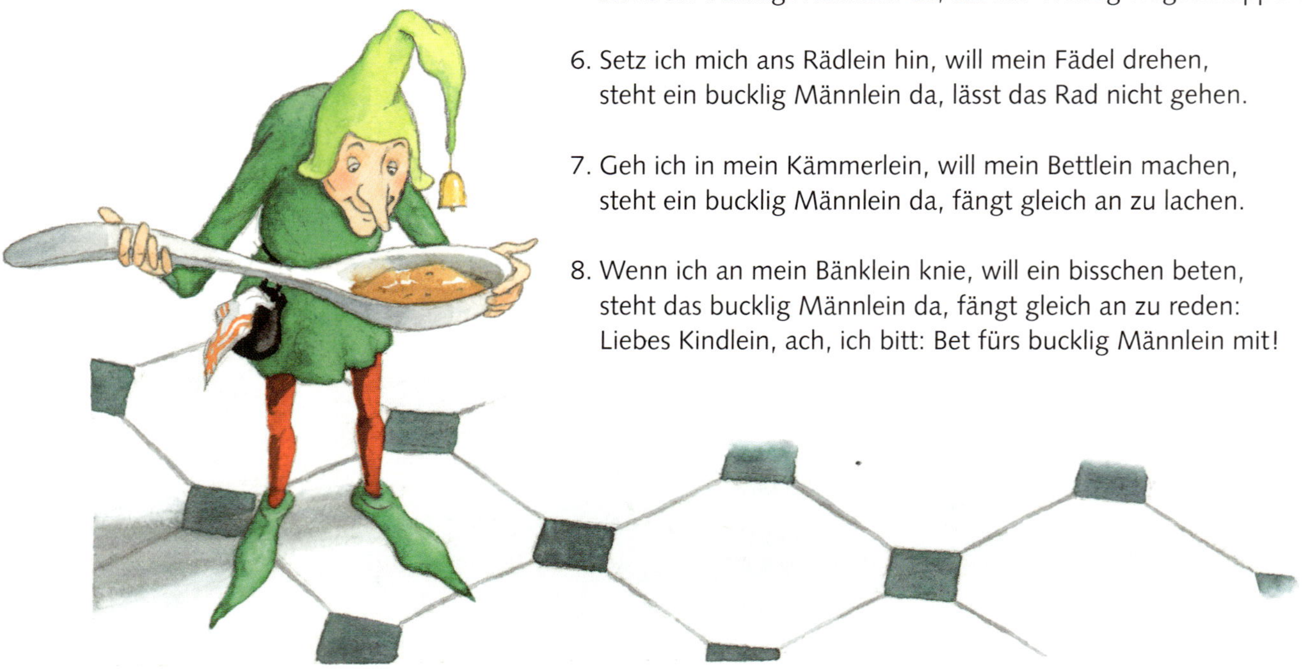

Ich ging im Walde so für mich hin

Text: Johann Wolfgang v. Goethe
Melodie: Heinrich Lang

1. Ich ging im Walde so für mich hin
   und nichts zu suchen, das war mein Sinn.

2. Im Schatten sah ich ein Blümchen stehn,
   wie Sterne leuchtend, wie Äuglein schön.

3. Ich wollt' es brechen, da sagt' es fein:
   Soll ich zum Welken gebrochen sein?

4. Ich grub's mit allen den Würzlein aus,
   zum Garten trug ich's am hübschen Haus

5. und pflanzt' es wieder am stillen Ort;
   nun zweigt es immer und blüht so fort.

Ein Männlein steht im Walde

Text: Heinrich Hoffmann v. Fallersleben (1798–1874)
Melodie: Volkslied vom Niederrhein

1. Ein Männlein steht im Walde ganz still und stumm.
   Es hat von lauter Purpur ein Mäntlein um.
   Sagt, wer mag das Männlein sein, das da steht im Wald allein
   mit dem purpurroten Mäntelein?

2. Das Männlein steht im Walde auf einem Bein
   und hat auf seinem Haupte schwarz' Käpplein klein.
   Sagt, wer mag das Männlein sein, das da steht im Wald allein
   mit dem kleinen schwarzen Käppelein?

Auf unsrer Wiese gehet was

Text: Heinrich Hoffmann v. Fallersleben (1798-1874) Richard Löwenstein
Melodie: Volkslied

1. Auf unsrer Wiese gehet was,
watet durch die Sümpfe.
Es hat ein schwarzweiß Röcklein an
Und trägt rote Strümpfe.
Fängt die Frösche, schnapp, schnapp, schnapp.
Klappert lustig, klapperdiklapp.
Wer kann das erraten?

2. Ihr denkt: Das ist der Klapperstorch,
watet durch die Sümpfe.
Er hat ein schwarzweiß Röcklein an
Und trägt rote Strümpfe.
Fängt die Frösche, schnapp, schnapp, schnapp.
Klappert lustig, klapperdiklapp.
Nein, das ist die Störchin.

In einem kleinen Apfel

Text und Melodie: Volkslied

1. In einem kleinen Apfel,
da sieht es lustig aus,
es sind darin fünf Stübchen,
grad wie in einem Haus.

2. In jedem Stübchen wohnen
zwei Kernchen, schwarz und klein,
die liegen drin und träumen
vom warmen Sonnenschein.

3. Sie träumen auch noch weiter
gar einen schönen Traum,
wie sie einst werden hängen
am schönen Weihnachtsbaum.

Ein Mann, der sich Kolumbus nannt'

Text und Melodie: Volkslied

1. Ein Mann, der sich Kolumbus nannt',
wide-wide-witt, bum-bum,
war in der Schifffahrt wohl bekannt,
wide-wide-witt, bum-bum.
Es drückten ihn die Sorgen schwer,
er suchte neues Land im Meer.

Refrain:
Gloria, Viktoria, wide-wide-witt, juchheirassa,
Gloria, Viktoria, wide-wide-witt, bum-bum.

2. Als er den Morgenkaffee trank …
da rief er fröhlich: Gott sei Dank! …
Denn grad kam mit der Straßenbahn
der span'sche König bei ihm an.

Refrain: Gloria …

3. Kolumbus, sprach er, lieber Mann …
du hast schon manche Tat getan …
Eins fehlt noch unsrer Gloria:
Entdecke mir Amerika!

Refrain: Gloria …

4. Gesagt, getan, ein Mann, ein Wort …
Am selben Tag noch fuhr er fort …
Und eines Morgens schrie er: Land!
Wie deucht mir alles so bekannt!

Refrain: Gloria …

5. Das Volk an Land stand stumm und zag …
da sagt' Kolumbus: Guten Tag! …
Ist hier vielleicht Amerika?
Da schrien alle Wilden: Ja!

Refrain: Gloria …

6. Die Wilden waren sehr erschreckt …
und schrien all': Wir sind entdeckt! …
Der Häuptling rief gleich: Lieber Mann,
du bist ja der Kolumbus dann!

Refrain: Gloria …

Die Affen rasen durch den Wald

Strophe

Text und Melodie: Volkslied

1. Die Affen rasen durch den Wald,
   mal hier, mal dort ihr Rufen schallt.

   Refrain:
   Die ganze Affenbande brüllt:
   Wo ist die Kokosnuss, wo ist die Kokosnuss,
   wer hat die Kokosnuss geklaut?

2. Die Affenmama sitzt am Fluss
   und angelt nach der Kokosnuss.

   Refrain: Die ganze Affenbande …

3. Der Affenonkel, welch ein Graus,
   reißt alle Urwaldbäume aus.

   Refrain: Die ganze Affenbande …

4. Die Affentante kommt von fern,
   sie isst die Kokosnuss so gern.

   Refrain: Die ganze Affenbande …

5. Der Affenmilchmann, dieser Knilch,
   der wartet auf die Kokosmilch.

   Refrain: Die ganze Affenbande …

6. Das Affenbaby voll Genuss
   hält in der Hand die Kokosnuss.

   Refrain:
   Die ganze Affenbande brüllt:
   Da ist die Kokosnuss, das ist die Kokosnuss,
   es hat die Kokosnuss geklaut!

7. Die Affenoma schreit: Hurra!
   Die Kokosnuss ist wieder da!

   Refrain:
   Die ganze Affenbande brüllt:
   Da ist die Kokosnuss, da ist die Kokosnuss,
   es hat die Kokosnuss geklaut!

8. Und die Moral von der Geschicht:
   Klaut keine Kokosnüsse nicht!

   Refrain:
   Weil sonst die Affenbande brüllt:
   Wo ist die Kokosnuss, wo ist die Kokosnuss,
   wer hat die Kokosnuss geklaut?

Das Wandern ist des Müllers Lust

Lieder vom Reisen und Wandern,
von Seefahrten und Abenteuern

Im Frühtau zu Berge wir gehn

Textübertragung: Walter Hensel (1887–1956)
Melodie: Volkslied aus Schweden

1. Im Frühtau zu Berge wir gehn, fallera,
   es grünen die Wälder, die Höhn, fallera.
   Wir wandern ohne Sorgen singend in den Morgen,
   noch eh im Tale die Hähne krähn.

2. Ihr alten und hochweisen Leut, fallera,
   ihr denkt wohl, wir wären nicht gescheit, fallera.
   Wer wollte aber singen, wenn wir schon Grillen fingen
   in dieser herrlichen Frühlingszeit.

3. Werft ab alle Sorgen und Qual, fallera,
   und wandert mit uns aus dem Tal, fallera.
   Wir sind hinausgegangen, den Sonnenschein zu fangen.
   Kommt mit und versucht es doch auch einmal.

Scheint die helle Sonne

Text und Melodie: Heinz Lau

aus: Gottfried Wolters „Das singende Jahr"

1. Scheint die helle Sonne, welche Wonne,
   scheint ins weite Land hinein:
   Singen wir ein frisches Lied,
   und wer mit uns zieht, singt es fröhlich mit.
   Falala, komm doch mit!
   Komm doch mit uns in die Welt,
   wie es uns gefällt.

2. Wenn wir heute wandern, lass die andern,
   die zu Haus geblieben sind,
   sitzen in dem warmen Nest!
   Wer den Sommer lässt, hält ihn auch nicht fest.
   Falala, bleib doch da!
   Und wir wandern in die Welt,
   wie es uns gefällt.

Wir wollen zu Land ausfahren

Text: Hjalmar Kutzleb
Melodie: Kurt v. Burkersroda

1. Wir wollen zu Land ausfahren, wohl über die Fluren weit,
   aufwärts zu den klaren Gipfeln der Einsamkeit!
   Lauschen, woher der Sturmwind braust,
   schauen, was hinter den Bergen haust,
   und wie die Welt so weit und wie die Welt so weit.

2. Fremde Wasser dort springen, sie sollen uns Weiser sein,
   wo wir wandern und singen Lieder ins Land hinein.
   Und brennt unser Feuer an gastlicher Statt,
   so sind wir geborgen und schmausen uns satt
   und die Flammen leuchten darein.

3. Und wandelt aus tiefem Tale heimlich und still die Nacht,
   und sind vom Mondenstrahlen Gnomen und Elfen erwacht,
   dämpfet die Stimmen, die Schritte im Wald,
   so hört ihr und seht ihr manch Zaubergestalt,
   die wallt mit uns durch die Nacht.

4. Es blühet im Walde tief drinnen die blaue Blume fein,
   die Blume zu gewinnen, ziehn wir in die Welt hinein.
   Es rauschen die Bäume, es murmelt der Bach,
   und wer die blaue Blume finden will,
   der muss ein Wandervogel sein.

Das Wandern ist des Müllers Lust

Text: Wilhelm Müller (1794–1827)
Melodie: Carl Friedrich Zöllner (1800–1860)

1. Das Wandern ist des Müllers Lust,
   das Wandern ist des Müllers Lust, das Wandern.
   Das muss ein schlechter Müller sein,
   dem niemals fiel das Wandern ein,
   dem niemals fiel das Wandern ein, das Wandern.

2. Vom Wasser haben wir's gelernt,
   vom Wasser haben wir's gelernt, vom Wasser:
   Das hat nicht Rast bei Tag und Nacht,
   ist stets auf Wanderschaft bedacht,
   ist stets auf Wanderschaft bedacht, das Wasser.

3. Das sehn wir auch den Rädern ab,
   das sehn wir auch den Rädern ab, den Rädern:
   Die gar nicht gerne stille stehn,
   die sich bei Tag nicht müde drehn,
   die sich bei Tag nicht müde drehn, die Räder.

4. Die Steine selbst, so schwer sie sind,
   die Steine selbst, so schwer sie sind, die Steine:
   Sie tanzen mit den muntern Reihn,
   und wollen gar noch schneller sein,
   und wollen gar noch schneller sein, die Steine.

5. Oh Wandern, Wandern, meine Lust,
   oh Wandern, Wandern, meine Lust, oh Wandern!
   Herr Meister und Frau Meisterin,
   lasst mich in Frieden weiterziehn,
   lasst mich in Frieden weiterziehn und wandern!

Uns locken die sonnigen Tage

Text: Franz Ganslandt
Melodie: Volkslied aus Schweden

Aus DIE MAULTROMMEL

1. Uns locken die sonnigen Tage,
   hinweg nun mit Sorge und Plage!
   Wer wandert vergisst alle Klage:
   Wir singen und sind froh.

   Refrain:
   Und bist du jung und hast du Schwung,
   dann mach dich mit uns auf den Sprung;
   in Feld und Wald das Lied erschallt,
   dass es vom Berge widerhallt:
   Der Sommer ruft uns zum Wandern
   und wir, wir folgen froh.

2. Wir wandern durch lichtgrüne Wälder,
   durch reifende, kornschwere Felder,
   wer mit uns zieht, wird nicht älter:
   Wir singen und sind froh.

   Refrain: Und bist du …

3. Und wenn dann die Herbstblätter fallen,
   nur lauter die Lieder erschallen,
   im Lied bleibt der Sommer uns allen!
   Wir singen und sind froh!

   Refrain: Und bist du …

Aus grauer Städte Mauern

Text: Hans Riedel
Melodie: Robert Götz

1. Aus grauer Städte Mauern ziehn wir durch Wald und Feld.
   Wer bleibt, der mag versauern, wir fahren in die Welt!

   Refrain:
   Halli, hallo, wir fahren, wir fahren in die Welt!

2. Der Wald ist unsre Liebe, der Himmel unser Zelt,
   ob heiter oder trübe, wir fahren in die Welt!

   Refrain: Halli, hallo …

3. Die Sommervögel ziehen wohl über Wald und Feld.
   Da heißt es Abschied nehmen; wir fahren in die Welt!

   Refrain: Halli, hallo …

Mich brennt's in meinen Reiseschuhn

Text: Joseph Frhr. v. Eichendorff (1788–1857)
Melodie: Cesar Bresgen

1. Mich brennt's in meinen Reiseschuhn,
fort mit der Zeit zu schreiten,
was wollen wir agieren nun
vor so viel klugen Leuten?

2. Es hebt das Dach sich von dem Haus,
und die Kulissen rühren
und strecken sich zum Himmel aus,
Strom, Wälder musizieren!

3. Da gehn die einen müde fort,
die andern nahn behände,
das alte Stück, man spielt's so fort
und kriegt es nie zu Ende.

4. Und keiner kennt den letzten Akt,
von allen, die da spielen,
nur der da droben schlägt den Takt,
weiß, wo das hin will zielen.

Wir reiten geschwinde durch Feld und Wald

Kanon zu 3 Stimmen

Text und Melodie: Volkslied

Wir reiten geschwinde durch Feld und Wald,
wir reiten bergab und bergauf.
Und fällt wer vom Pferde, so fällt er gelinde
und klettert behänd wieder auf.
Es geht über Stock und Stein,
wir geben dem Rosse die Zügel
und reiten im Sonnenschein,
so schnell, als hätten wir Flügel.
Heißa, hussa! Über Stock und Stein!
Heißa, hussa! Und in den Stall hinein!

Wenn die bunten Fahnen wehen

Text und Melodie: Alfred Zschiesche

mit Genehmigung des Verlages
B. Schott's Söhne, Mainz

1. Wenn die bunten Fahnen wehen,
geht die Fahrt wohl übers Meer.
Wolln wir ferne Lande sehen,
fällt der Abschied uns nicht schwer.
Leuchtet die Sonne, ziehen die Wolken,
klingen die Lieder weit übers Meer.

2. Sonnenschein ist unsre Wonne,
wie er lacht am lichten Tag.
Doch es geht auch ohne Sonne,
wenn sie mal nicht scheinen mag.
Blasen die Stürme, brausen die Wellen,
singen wir mit dem Sturm unser Lied.

3. Hei, die wilden Wandervögel
ziehen wieder durch die Nacht,
singen ihre alten Lieder,
dass die Welt vom Schlaf erwacht.
Kommt dann der Morgen, sind sie schon weiter
über die Berge, wer weiß wohin?

4. Wo die blauen Gipfel ragen,
lockt so mancher steile Pfad,
immer vorwärts, ohne Zagen,
bald sind wir dem Ziel genaht!
Schneefelder blinken, schimmern von ferne her,
Lande versinken im Wolkenmeer.

Jetzt fahrn wir übern See

Text und Melodie: Volkslied

1. Jetzt fahrn wir übern See, übern See, jetzt fahrn wir übern –
   jetzt fahrn wir übern See, übern See, jetzt fahrn wir übern See
   mit einer hölzern Wurzel, Wurzel, Wurzel, Wurzel,
   mit einer hölzern Wurzel, kein Ruder war nicht –
   mit einer hölzern Wurzel, Wurzel, Wurzel, Wurzel,
   mit einer hölzern Wurzel, kein Ruder war nicht dran.

2. Und als wir drüber warn, drüber warn, und als wir drüber – … warn,
   da sangen alle Vöglein, Vöglein, Vöglein, Vöglein,
   da sangen alle Vöglein, der helle Tag brach – … an.

3. Der Jäger rief: Ins Horn!, rief: Ins Horn! Der Jäger rief: Ins – … Horn!
   Da bliesen alle Jäger, Jäger, Jäger, Jäger,
   da bliesen alle Jäger, ein jeder in sein – … Horn.

4. Das Liedlein, das ist aus, das ist aus, das Liedlein, das ist – … aus.
   Und wer das Lied nicht singen kann, singen, singen, singen kann,
   und wer das Lied nicht singen kann, der fang's von vorne – … an.

Wenn wir fahren auf dem See

Text und Melodie: Volkslied aus Niedersachsen

Wenn wir fahren auf dem See,
wo die Fischlein schwimmen,
freuet sich mein ganzes Herz,
oh, so lasst uns singen!
Rola, rola, wir sind hier,
der Goldfisch, der Goldfisch,
der folge mir!

Ich bin das ganze Jahr vergnügt

Lieder von Sommer und Winter,
von Ostern und Weihnachten und
vom Geburtstagfeiern

Ich bin das ganze Jahr vergnügt

Text: nach Christian Friedrich Schubart (1739–1791)
Melodie: Volkslied

1. Ich bin das ganze Jahr vergnügt;
   im Frühling wird das Feld gepflügt.
   Dann steigt die Lerche hoch empor
   und singt ihr frohes Lied mir vor.

2. Und kommt die liebe Sommerzeit;
   wie hoch ist da mein Herz erfreut,
   wenn ich vor meinem Acker steh
   und so viel tausend Ähren seh!

3. Rückt endlich Erntezeit heran,
   dann muss die blanke Sense dran;
   dann zieh ich in das Feld hinaus
   und schneid und fahr die Frucht nach Haus.

4. Im Herbst schau ich die Bäume an,
   seh Äpfel, Birnen, Pflaumen dran.
   Und sind sie reif, so schüttl ich sie.
   So lohnet Gott des Menschen Müh!

5. Und kommt die kalte Winterszeit,
   dann ist mein Häuschen überschneit;
   das ganze Feld ist kreideweiß
   und auf der Wiese nichts als Eis.

6. So geht's jahraus, jahrein mit mir;
   ich danke meinem Gott dafür
   und habe immer frohen Mut
   und denke: Gott macht alles gut.

Es war eine Mutter, die hatte vier Kinder

Text und Melodie: Volkslied aus Baden und der Pfalz

1. Es war eine Mutter, die hatte vier Kinder,
   den Frühling, den Sommer, den Herbst und den Winter.

2. Der Frühling bringt Blumen, der Sommer den Klee,
   der Herbst, der bringt Trauben, der Winter den Schnee.

3. Und wie sie sich schwingen im Jahresreihn,
   so tanzen und singen wir fröhlich darein.

Und wer im Januar geboren ist

Text und Melodie: Volkslied

1. Und wer im Januar geboren ist, tritt ein, tritt ein, tritt ein.
   Er macht im Kreis einen tiefen Knicks, einen tiefen, tiefen Knicks.
   Kindchen, dreh dich, Kindchen, dreh dich, hei, hoppsassassa!

2. Und wer im Februar geboren ist …

3. Und wer im März geboren ist …
4. Und wer im April geboren ist …
5. Und wer im Mai geboren ist …
6. Und wer im Juni geboren ist …
7. Und wer im Juli geboren ist …
8. Und wer im August geboren ist …
9. Und wer im September geboren ist …
10. Und wer im Oktober geboren ist …
11. Und wer im November geboren ist …
12. Und wer im Dezember geboren ist …

Viel Glück und viel Segen

Text und Melodie: Werner Gneist

Kanon zu 4 Stimmen

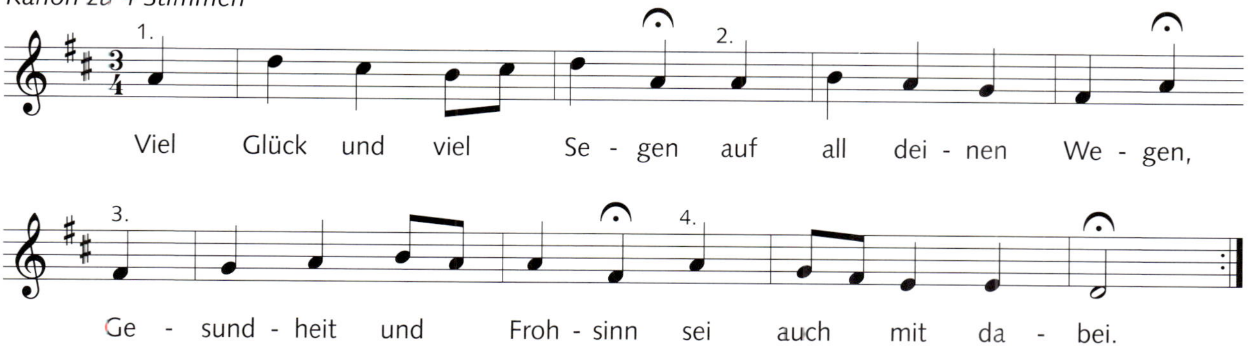

aus: Kleines Liederbuch (BA 1253)

Viel Glück und viel Segen
auf all deinen Wegen,
Gesundheit und Frohsinn
sei auch mit dabei.

Peter hat Geburtstag

Text: Karl Vötterle
Melodie: Fritz Dietrich

Kanon zu 4 Stimmen

aus: Bruder Singer (BA 1250)

Peter* hat Geburtstag,
kommt und singet alle mit.
Wünscht Gesundheit und viel Glück:
Peter hat Geburtstag.

*) andere Namen einsetzen

Hei, lustig, ihr Kinder, vorbei ist der Winter!

Text und Melodie: Volkslied

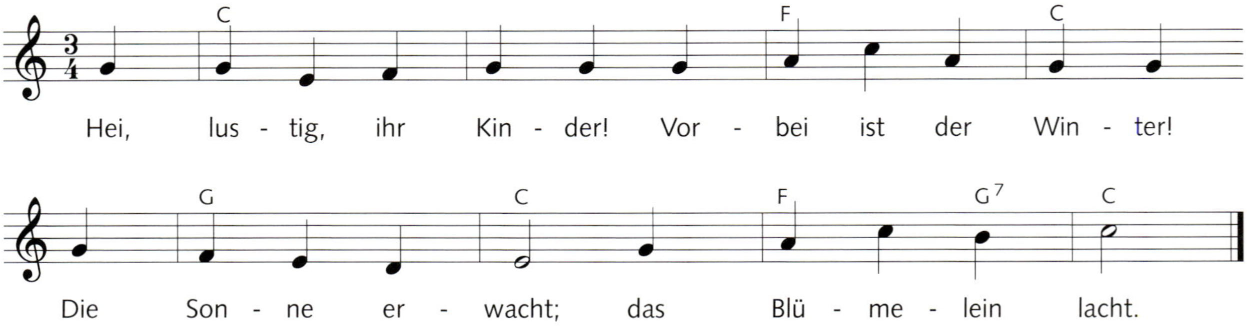

1. Hei, lustig, ihr Kinder,
vorbei ist der Winter!
Die Sonne erwacht;
das Blümelein lacht.

2. Die Vögelein singen;
die Knospen aufspringen.
Der Himmel ist blau
und grün ist die Au.

3. Hei, lustig, ihr Kinder!
Vorbei ist der Winter
und fort ist der Schnee.
Herr Winter, ade!

Jetzt fängt das schöne Frühjahr an

Text und Melodie: Volkslied aus Franken und dem Rheinland

1. Jetzt fängt das schöne Frühjahr an
   und alles fängt zu blühen an
   auf grüner Heid und überall.

2. Es blühen Blümlein auf dem Feld,
   sie blühen weiß, blau, rot und gelb,
   es gibt nichts Schöners auf der Welt.

3. Jetzt geh ich über Berg und Tal,
   da hört man schon die Nachtigall
   auf grüner Heid und überall.

Im Märzen der Bauer

Text und Melodie: Volkslied aus Mähren

1. Im Märzen der Bauer die Rösslein einspannt;
er setzt seine Felder und Wiesen in Stand.
Er pflüget den Boden, er egget und sät
und rührt seine Hände frühmorgens und spät.

2. Die Bäurin, die Mägde, sie dürfen nicht ruhn;
sie haben im Haus und im Garten zu tun:
Sie graben und rechen und singen ein Lied
und freun sich, wenn alles schön grünet und blüht.

3. So geht unter Arbeit das Frühjahr vorbei,
da erntet der Bauer das duftende Heu;
er mäht das Getreide, dann drischt er es aus;
im Winter, da gibt es manch fröhlichen Schmaus.

Has, Has, Osterhas

Text: Paula Dehmel (1862–1918)
Melodie: Richard Rudolf Klein

aus: DAS LIEDERNEST, Band 1

1. Has, Has, Osterhas,
   wir möchten nicht mehr warten.
   Der Krokus und das Tausendschön,
   Vergissmeinnicht und Tulpe stehn
   schon lang in unserm Garten.

2. Has, Has, Osterhas,
   mit deinen bunten Eiern!
   Der Star lugt aus dem Kasten raus.
   Blühkätzchen sitzen um sein Haus.
   Wann kannst du Frühling feiern?

3. Has, Has, Osterhas,
   ich wünsche mir das Beste:
   ein großes Ei, ein kleines Ei,
   dazu ein lustig Didldumdei.
   Und alles in dem Neste.

Es klappert die Mühle am rauschenden Bach

Text: Ernst Anschütz (1780–1861)
Melodie: Volkslied

1. Es klappert die Mühle am rauschenden Bach: klipp, klapp!
Bei Tag und bei Nacht ist der Müller stets wach: klipp, klapp!
Er mahlet das Korn zu dem kräftigen Brot,
und haben wir dieses, dann hat's keine Not.
Klipp, klapp, klipp, klapp, klipp, klapp!

2. Flink laufen die Räder und drehen den Stein: klipp, klapp!
Und mahlen den Weizen zu Mehl uns so fein: klipp, klapp!
Der Müller, der füllt uns den schweren Sack,
der Bäcker das Brot und den Kuchen uns backt.
Klipp, klapp, klipp, klapp, klipp, klapp!

3. Wenn goldene Körner das Ackerfeld trägt, klipp, klapp!
Die Mühle dann flink ihre Räder bewegt, klipp, klapp!
Und schenkt uns der Himmel nur immer das Brot,
so sind wir geborgen und leiden nicht Not.
Klipp, klapp, klipp, klapp, klipp, klapp!

Trarira, der Sommer, der ist da!

Text: Volkslied aus der Rheinpfalz
Melodie: Ludwig Erk (1807–1883)

1. Trarira, der Sommer, der ist da!
Wir wollen in den Garten
und wolln des Sommers warten.
Ja, ja, ja, der Sommer, der ist da!

2. Trarira, der Sommer, der ist da!
Wir wollen hinter die Hecken
und wolln den Sommer wecken.
Ja, ja, ja, der Sommer, der ist da!

3. Trarira, der Sommer, der ist da!
Der Sommer hat gewonnen,
der Winter hat verloren.
Ja, ja, ja, der Sommer, der ist da!

Hejo! Spann den Wagen an

Text und Melodie: Kanon aus England

Kanon zu 3 Stimmen

Hejo! Spann den Wagen an,
denn der Wind treibt Regen übers Land.
Hol die goldnen Garben,
hol die goldnen Garben!

Es regnet, wenn es regnen will

Kanon zu 4 Stimmen

Text und Melodie: Karl Friedrich Zelter

Es regnet, wenn es regnen will,
und regnet seinen Lauf.
Und wenn's genug geregnet hat,
so hört es wieder auf.

Es regnet, tropf, tropf, auf das Haus

Text: Otto Bleusdorf
Melodie: Volkslied

Refrain:
Es regnet, es regnet,
tropf, tropf, tropf, tropf, tropf auf das Haus.
Es regnet, es regnet,
juchhei, ich muss hinaus!

1. Der Regen tut ja gut für mich,
   im andern Jahr, da wachse ich,
   tralalalalalala, tralalalalalala.

   Refrain: Es regnet …

2. Mit bloßen Füßen merkt man gut,
   wie wohl das laue Wasser tut, trala…

   Refrain: Es regnet …

3. Und wessen Schuhe nicht mehr ganz,
   der macht jetzt einen Eiertanz, trala…

   Refrain: Es regnet …

4. Marie hat einen neuen Hut,
   für die ist wohl ein Schirm recht gut, trala…

   Refrain: Es regnet …

5. Ei, seht doch nur den dicken Mann,
   der läuft jetzt, was er laufen kann, trala…

Bunt sind schon die Wälder

Text: J.G. Salis-Seewis (1762–1834)
Melodie: Johann Friedrich Reichardt (1752–1814)

1. Bunt sind schon die Wälder,
gelb die Stoppelfelder
und der Herbst beginnt.
Rote Blätter fallen,
graue Nebel wallen,
kühler weht der Wind.

2. Wie die volle Traube
aus dem Rebenlaube
purpurfarbig strahlt!
Am Geländer reifen
Pfirsiche mit Streifen
rot und weiß bemalt.

3. Flinke Träger springen
und die Mädchen singen,
alles jubelt froh!
Bunte Bänder schweben
zwischen hohen Reben
auf dem Hut von Stroh.

4. Geige tönt und Flöte
bei der Abendröte
und im Mondesglanz;
junge Winzerinnen
winken und beginnen
frohen Erntetanz.

Der Herbst, der Herbst ist da

Text und Melodie: Hans R. Franzke

1. Der Herbst, der Herbst, der Herbst ist da,
   er bringt uns Wind, heihussassa,
   schüttelt ab die Blätter, bringt uns Regenwetter,
   heißa, hussassa, der Herbst ist da.

2. Der Herbst, der Herbst, der Herbst ist da,
   er bringt uns Obst, heihussassa,
   macht die Blätter bunter, wirft die Äpfel runter,
   heißa, hussassa, der Herbst ist da.

3. Der Herbst, der Herbst, der Herbst ist da,
   er bringt uns Wein, heihussassa,
   Birnen in den Keller, Nüsse auf den Teller,
   heißa, hussassa, der Herbst ist da.

4. Der Herbst, der Herbst, der Herbst ist da,
   er bringt uns Spaß, heihussassa,
   rüttelt an den Zweigen, lässt die Drachen steigen,
   heißa, hussassa, der Herbst ist da.

Sankt Martin

Text und Melodie: Volkslied aus dem Rheinland

1. Sankt Martin, Sankt Martin,
Sankt Martin ritt durch Schnee und Wind,
sein Ross, das trug ihn fort geschwind.
Sankt Martin ritt mit leichtem Mut,
sein Mantel deckt' ihn warm und gut.

2. Im Schnee saß, im Schnee saß,
im Schnee, da saß ein armer Mann,
hat Kleider nicht, hat Lumpen an.
„Oh helft mir doch in meiner Not,
sonst ist der bittre Frost mein Tod!"

3. Sankt Martin, Sankt Martin,
Sankt Martin zieht die Zügel an,
das Ross steht still beim armen Mann.
Sankt Martin mit dem Schwerte teilt
den warmen Mantel unverweilt.

4. Sankt Martin, Sankt Martin,
Sankt Martin gibt den halben still,
der Bettler rasch ihm danken will.
Sankt Martin aber ritt in Eil
hinweg mit seinem Mantelteil.

Ich geh mit meiner Laterne

Ich geh mit meiner Laterne
und meine Laterne mit mir.
Am Himmel leuchten die Sterne
und unten, da leuchten wir.
Mein Licht ist aus,
wir gehn nach Haus.
Rabimmel, rabammel, rabumm.

Laterne, Laterne, Sonne, Mond und Sterne

Laterne, Laterne,
Sonne, Mond und Sterne.
Brenne auf, mein Licht,
brenne auf, mein Licht,
aber nur meine liebe Laterne nicht.

Nebel, Nebel, weißer Hauch

Text: A. Blume
Melodie: Walther Pudelko

Nebel, Nebel, weißer Hauch,
walle über Baum und Strauch!
Nebel, Nebel, weiße Wand,
fliege hin ins weite Land,
fliege über Tal und Höhn,
lass die goldne Sonne sehn!
Nebel!

Schneeflöckchen, Weißröckchen

Text und Melodie: Volkslied

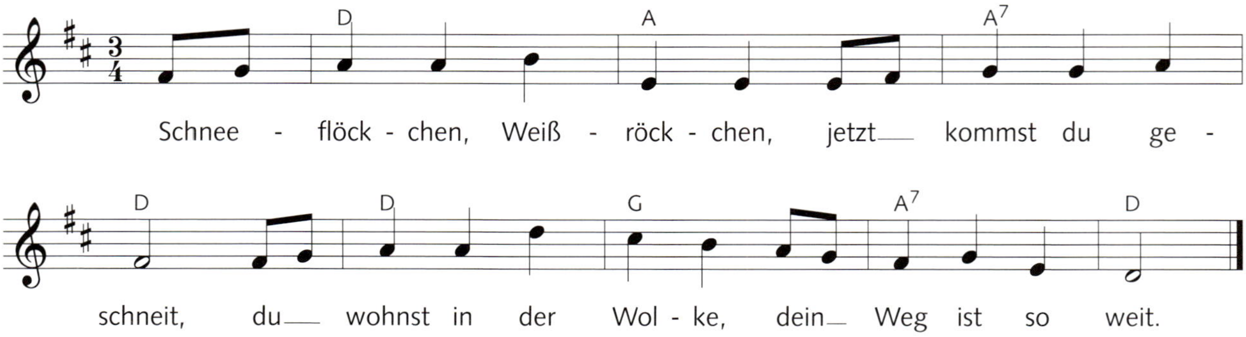

1. Schneeflöckchen, Weißröckchen,
   jetzt kommst du geschneit,
   du wohnst in der Wolke,
   dein Weg ist so weit.

2. Komm, setz dich ans Fenster,
   du lieblicher Stern,
   malst Blumen und Blätter,
   wir haben dich gern.

Juchhe, der erste Schnee!

Text und Melodie: Volkslied

1. Juchhe, juchhe,
   juchhe, der erste Schnee!
   In großen, weißen Flocken,
   so kam er über Nacht
   und will uns alle locken
   hinaus in Winterpracht.

2. Juchhe, juchhe,
   erstarrt sind Bach und See!
   Herbei von allen Seiten
   aufs glitzerblanke Eis,
   dahin-, dahinzugleiten
   nach alter froher Weis!

3. Juchhe, juchhe,
   jetzt locken Eis und Schnee!
   Der Winter kam gezogen
   mit Freuden mannigfalt,
   spannt seinen weißen Bogen
   weit über Feld und Wald.

Es ist für uns eine Zeit angekommen

Text: Paul Hermann
Melodie: Volkslied aus der Schweiz

1. Es ist für uns eine Zeit angekommen,
die bringt uns eine große Freud.
Übers schneebeglänzte Feld
wandern wir, wandern wir,
durch die weite, weiße Welt.

2. Es schlafen Bächlein und See unterm Eise,
es träumt der Wald einen tiefen Traum.
Durch den Schnee, der leise fällt,
wandern wir, wandern wir,
durch die weite, weiße Welt.

3. Vom hohen Himmel ein leuchtendes Schweigen
erfüllt die Herzen mit Seligkeit.
Unterm sternbeglänzten Zelt
wandern wir, wandern wir,
durch die weite, weiße Welt.

Leise rieselt der Schnee

Text und Melodie: Eduard Ebel (1839–1905)

1. Leise rieselt der Schnee,
   still und starr ruht der See,
   weihnachtlich glänzet der Wald:
   Freue dich, Christkind kommt bald!

2. In den Herzen ist's warm,
   still schweigt Kummer und Harm,
   Sorge des Lebens verhallt:
   Freue dich, Christkind kommt bald!

3. Bald ist Heilige Nacht,
   Chor der Engel erwacht,
   hört nur, wie lieblich es schallt:
   Freue dich, Christkind kommt bald!

Der Mond ist aufgegangen

Lieder vom Nachhausegehen,
von Mond und Sternen
und von der guten Nacht

Oh, wie wohl ist mir am Abend

Kanon zu 3 Stimmen

Text und Melodie: Volkslied (1875)

Oh wie wohl ist mir am Abend, mir am Abend,
wenn zur Ruh die Glocken läuten, Glocken läuten:
bim, bam, bim, bam, bim, bam.

Gute Nacht, gute Ruh

Kanon zu 4 Stimmen

Text und Melodie: Volkslied

Gute Nacht, gute Ruh,
die Sonne geht schon schlafen,
schlafen geh auch du!

Ein' Stimm' beginnt im Abend sacht

Kanon zu 4 Stimmen

Text und Melodie: Volkslied

Ein' Stimm' beginnt im Abend sacht,
davon ist am Himmel ein Stern erwacht.
Nun singen die beiden und rufen im Chor:
Alle Sterne hervor!

Glitzer, funkel, Sonne, Mond und Stern

Text: Karl Haug
Melodie: Volkslied

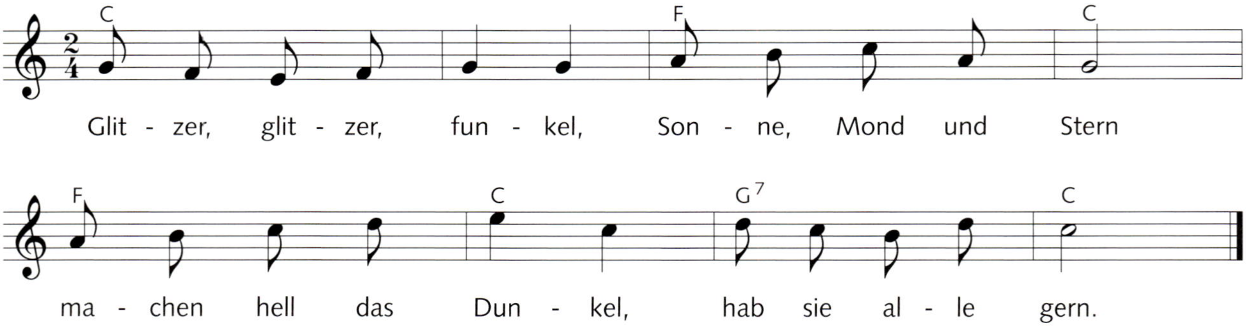

1. Glitzer, glitzer, funkel, Sonne, Mond und Stern
   machen hell das Dunkel, hab sie alle gern.

2. Schläft zur späten Stunde unser Kind in Ruh,
   lacht der Mond, der runde, ihm im Traume zu.

3. Jedem lieben Kinde ist geschenkt ein Stern,
   such ihn nur geschwinde, leuchtet dir so fern!

Weißt du, wie viel Sternlein stehen?

Text: Wilhelm Hey (1789–1854)
Melodie: Volkslied

1. Weißt du, wie viel Sternlein stehen
   an dem blauen Himmelszelt?
   Weißt du, wie viel Wolken gehen
   weithin über alle Welt?
   Gott, der Herr, hat sie gezählet,
   dass ihm auch nicht eines fehlet
   an der ganzen großen Zahl.

2. Weißt du, wie viel Mücklein spielen
   in der heißen Sonnenglut?
   Wie viel Fischlein auch sich kühlen
   in der hellen Wasserflut?
   Gott, der Herr, rief sie mit Namen,
   dass sie all ins Leben kamen,
   dass sie nun so fröhlich sind.

3. Weißt du, wie viel Kinder frühe
   stehn aus ihrem Bettlein auf,
   dass sie ohne Sorg und Mühe
   fröhlich sind im Tageslauf?
   Gott im Himmel hat an allen
   seine Lust, sein Wohlgefallen,
   kennt auch dich und hat dich lieb.

Wer hat die schönsten Schäfchen?

Text: Heinrich Hoffmann v. Fallersleben (1798–1874)
Melodie: Johann Friedrich Reichardt (1752–1814)

1. Wer hat die schönsten Schäfchen? Die hat der goldne Mond,
der hinter unsern Bäumen am Himmel droben wohnt.

2. Er kommt am späten Abend, wenn alles schlafen will,
hervor aus seinem Hause zum Himmel leis und still.

3. Dann weidet er die Schäfchen auf seiner blauen Flur,
denn all die weißen Schäfchen sind seine Sterne nur.

4. Sie tun sich nichts zu Leide, hat eins das andre gern,
wie Schwestern und wie Brüder, da oben Stern an Stern.

Kindlein mein, schlaf nur ein

Text und Melodie: Volkslied aus Mähren

1. Kindlein mein, schlaf nur ein, weil die Sternlein kommen,
   und der Mond kommt auch schon wieder angeschwommen.

   Refrain:
   Eia, Wiege, Wiege mein, schlaf nur, Kindlein, schlaf nur ein!

2. Mütterlein singt dich ein, schlaf dir rot die Wänglein.
   Treu bewacht in der Nacht, träume süß vom Englein.

   Refrain: Eia …

Die Blümelein, sie schlafen

Text und Melodie: W. F. v. Zuccalmaglio (1803–1869)

1. Die Blümelein, sie schlafen
   schon längst im Mondenschein,
   sie nicken mit den Köpfchen
   auf ihren Stängelein.
   Es rüttelt sich der Blütenbaum,
   er säuselt wie im Traum:
   Schlafe, schlafe,
   schlaf ein, mein Kindelein.

2. Die Vögelein, die sangen
   so süß im Sonnenschein,
   sie sind zur Ruh gegangen
   in ihre Nestchen klein.
   Das Heimchen in dem Ährengrund,
   das tut allein sich kund:
   Schlafe, schlafe,
   schlaf ein, mein Kindelein.

3. Sandmännchen kommt geschlichen
   und guckt durchs Fensterlein,
   ob irgendwo ein Liebchen
   mag nicht zu Bette sein.
   Und wo er noch ein Kindlein fand,
   streut er ins Aug ihm Sand:
   Schlafe, schlafe,
   schlaf ein, mein Kindelein.

Abend wird es wieder

Text: Heinrich Hoffmann v. Fallersleben (1798–1874)
Melodie: Christian Heinrich Rinck

1. Abend wird es wieder;
über Wald und Feld
säuselt Frieden nieder
und es ruht die Welt.

2. Nur der Bach ergießet
sich am Felsen dort
und er braust und fließet
immer, immerfort.

3. Und kein Abend bringet
Frieden ihm und Ruh,
keine Glocke klinget
ihm ein Rastlied zu.

4. So in deinem Streben
bist, mein Herz, auch du;
Gott nur kann dir geben
wahre Abendruh.

Herr, bleibe bei uns

Kanon zu 3 Stimmen

Text: Lukas 24, 29
Melodie: Albert Thate

aus: Bruder Singer (BA 1250)

Herr, bleibe bei uns,
denn es will Abend werden
und der Tag hat sich geneiget.

Der Mond ist aufgegangen

Text: Matthias Claudius 1778
Melodie: Johann Abraham Peter Schulz 1790

1. Der Mond ist aufgegangen,
die goldnen Sternlein prangen
am Himmel hell und klar.
Der Wald steht schwarz und schweiget
und aus den Wiesen steiget
der weiße Nebel wunderbar.

2. Wie ist die Welt so stille
und in der Dämmrung Hülle
so traulich und so hold
als eine stille Kammer,
wo ihr des Tages Jammer
verschlafen und vergessen sollt.

3. Seht ihr den Mond dort stehen?
Er ist nur halb zu sehen
und ist doch rund und schön:
So sind wohl manche Sachen,
die wir getrost belachen,
weil unsre Augen sie nicht sehn.

4. Wir stolzen Menschenkinder
sind eitel arme Sünder
und wissen gar nicht viel.
Wir spinnen Luftgespinste
und suchen viele Künste
und kommen weiter von dem Ziel.

5. So legt euch denn, ihr Brüder,
in Gottes Namen nieder;
kalt ist der Abendhauch.
Verschon uns, Gott, mit Strafen
und lass uns ruhig schlafen
und unsern kranken Nachbarn auch.

Nehmt Abschied, Brüder

Text: Claus Ludwig Laue
Melodie: Volkslied aus Schottland

Strophe

1. Nehmt Abschied, Brüder,
   ungewiss ist alle Wiederkehr.
   Die Zukunft liegt in Finsternis
   und macht das Herz uns schwer.

   Refrain:
   Der Himmel wölbt sich übers Land.
   Ade, auf Wiedersehn,
   wir ruhen all in Gottes Hand.
   Lebt wohl! Auf Wiedersehn!

2. Die Sonne sinkt, es steigt die Nacht,
   vergangen ist der Tag.
   Die Welt schläft ein und leis erwacht
   der Nachtigallen Schlag.

   Refrain: Der Himmel …

3. So ist in jedem Anbeginn
   das Ende nicht mehr weit,
   wir kommen her und gehen hin
   und mit uns geht die Zeit.

   Refrain: Der Himmel …

Alle Leut gehn jetzt nach Haus

Text: Fritz Jöde/Christa Weiß
Melodie: Volkslied aus Kärnten (19. Jahrh.)

1. Alle Leut, alle Leut
gehn jetzt nach Haus,
gehn in ihr Kämmerlein,
lassen fünf grade sein.
Alle Leut, alle Leut
gehn jetzt nach Haus.

2. Alle Leut, alle Leut
gehn jetzt zur Ruh.
Komm doch und sei gescheit:
Morgen ist auch noch Zeit.
Alle Leut, alle Leut
gehn jetzt zur Ruh.

3. Alle Leut, alle Leut
gehn jetzt zu Bett.
Löschen die Lichter aus,
tappen durchs dunkle Haus.
Alle Leut, alle Leut
gehn jetzt zu Bett.

4. Alle Leut, alle Leut
schlafen jetzt ein.
Aber der Himmel wacht
über die lange Nacht.
Alle Leut, alle Leut
schlafen jetzt ein.

Alphabetisches Verzeichnis der Liedanfänge

Bibliografische Information Der Deutschen Bibliothek

Die Deutsche Bibliothek verzeichnet diese Publikation
in der Deutschen Nationalbibliografie;
detaillierte bibliografische Daten sind im Internet über
http://dnb.ddb.de http://dnb.ddb.de abrufbar.

Die Schreibweise entspricht den Regeln der neuen Rechtschreibung.

Umschlagillustration, Layout und Illustrationen:
Marlis Scharff-Kniemeyer
Printed in Germany

4 3   06 05

ISBN 3-473-37848-8
www.ravensburger.de

Und noch mehr Ravensburger Bücher zum Basteln, Spielen, Singen und Feiern:

Allererstes Basteln
Dieser wertvolle Ideenratgeber für alle, die sich mit kleinen Kindern beschäftigen, zeigt einfache Bastelarbeiten mit Farbe, Papier, Pappe, Ton, Filz, Wolle, Knete, Stempel und Naturmaterialien.
ISBN 3-473-**37345**-1

Bertrun Jeitner-Hartmann (Hrsg.)
Das große Ravensburger Buch der Kinderbeschäftigung
Das erfolgreiche Standardwerk in aktueller Überarbeitung. Durch die praktische Einteilung nach Altersgruppen sind die Beschäftigungsideen zu allen wichtigen Themen sofort verfügbar.
ISBN 3-473-**37351**-6

Ute Michalski
Werkbuch Papier
Das große Standardwerk zum Thema Basteln und Werken mit Papier. Farbige Fotos zeigen alle Modelle und genaue Sachzeichnungen veranschaulichen, wie es gemacht wird.
ISBN 3-473-**37804**-6

Uli Geißler/Ralf Butschkow
Das Ravensburger Spielebuch
Ob drinnen oder draußen, allein oder in der großen Gruppe – aus über 170 Spielen findet hier jeder das richtige Spiel.
ISBN 3-473-**37347**-8

Uli Geißler/Birgit Rieger
Das große Ravensburger Natur-Spielebuch
Ob Spiele auf der Wiese, im Wald oder in der Stadt, allein oder in der Gruppe – dieses Buch ist eine Fundgrube für alle, die Kindern intensive Sinnes- und Naturerfahrung ermöglichen wollen.
ISBN 3-473-**37836**-4

Hajo Bücken/
Ines Radionow/Cornelia Funke
Kindergeburtstag feiern
Von der selbstkreierten Einladung über das passende Essen, originelle Spielideen bis zur Verabschiedung der kleinen Gäste werden hier neun komplett geplante Themenfeste angeboten.
ISBN 3-473-**37808**-9

Gute Idee.

Ravensburger